IMPRESSIONS

SUR LE

RAPPORT DE LA COMMISSION INTERNATIONALE

RÉUNIE AU CAIRE

POUR

L'EXAMEN DES RÉFORMES PROPOSÉES PAR LE GOUVERNEMENT ÉGYPTIEN
DANS L'ADMINISTRATION DE LA JUSTICE EN ÉGYPTE

LES CAPITULATIONS ET LA RÉFORME JUDICIAIRE

PARIS

E. DENTU, LIBRAIRE-ÉDITEUR
PALAIS-ROYAL, 17 ET 19, GALERIE D'ORLÉANS

1870

IMPRESSIONS

SUR LE

RAPPORT DE LA COMMISSION INTERNATIONALE

RÉUNIE AU CAIRE

POUR

L'EXAMEN DES RÉFORMES PROPOSÉES PAR LE GOUVERNEMENT ÉGYPTIEN
DANS L'ADMINISTRATION DE LA JUSTICE EN ÉGYPTE

LES CAPITULATIONS ET LA RÉFORME JUDICIAIRE

PARIS

E. DENTU, ÉDITEUR

LIBRAIRE DE LA SOCIÉTÉ DES GENS DE LETTRES

et de la Société des Auteurs dramatiques

PALAIS-ROYAL, 17 ET 19, GALERIE D'ORLÉANS

—

1870

IMPRESSIONS

RAPPORT DE LA COMMISSION INTERNATIONALE

RÉUNIE AU CAIRE

POUR

L'EXAMEN DES RÉFORMES PROPOSÉES PAR LE GOUVERNEMENT ÉGYPTIEN
DANS L'ADMINISTRATION DE LA JUSTICE EN ÉGYPTE

LES CAPITULATIONS ET LA RÉFORME JUDICIAIRE

I.

Considérations générales.

En recherchant une appréciation du rapport de la Commission internationale du Caire, nous avons trouvé, tout d'abord, regrettable que la discussion ait été admise sur les propositions du vice-roi d'Égypte; il y a de ces nécessités en Orient qui ne se discutent pas ou qui ne peuvent se discuter sans, à première vue, donner raison à une théorie séduisante, dans nos mœurs et dans notre manière de voir, théorie que *condamne* en Orient une *saine et digne pratique.*

Nous avons été surpris de la forme collective de ce rapport, forme qui *efface* à tel point l'avis des consuls dissidents, que c'est à peine si on en *retrouve des traces* insignifiantes aux pages 9 et 10 de ce rapport.

M. Tricou, gérant du consulat général de France en Égypte, a, en cette circonstance encore, soutenu dignement les intérêts européens et ceux de la vérité; il a émis l'opinion que la Commission dont il faisait partie était *une simple Commission d'enquête,* qu'elle ne devait pas faire un rapport collectif; il demanda qu'au moins l'avis des consuls dissidents y fût sommairement énoncé: la majorité a voulu un rapport purement collectif, ce qui a pu *satisfaire le vice-roi, mais ce qui a détourné du but,* qui était une *enquête sérieuse,* et ce qui n'a donné qu'un examen *tronqué* des questions à ceux qui doivent en juger, tandis qu'ils avaient besoin d'un exposé fidèle, complet, susceptible d'établir tous les éléments de discussions nouvelles et complètes, partout où besoin sera.

Nous nous sommes ensuite attachés aux griefs du vice-roi, et ces griefs, exposés audit rapport, nous ont en général paru fondés, *tout d'abord,* sauf à en rechercher les vraies causes pour en induire le remède vrai, applicable au mal sans l'aggraver au préjudice des Européens en Orient.

Malgré notre extrême désir de concilier de justes plaintes avec des nécessités de premier ordre, nous nous étonnons qu'on n'ait pas cherché à *améliorer* l'état judiciaire actuel, au lieu de le *changer brusquement;* qu'on n'ait pas appliqué aux griefs du vice-roi les remèdes que nous sembleraient indiquer la prudence et l'état anormal du gouvernement égyptien et de la justice égyptienne ; nous regrettons qu'au lieu d'appliquer au mal un remède *tout européen,* sans *immixtion* aucune du gouvernement égyptien, le rapport de la Commission internationale du Caire semble faire des efforts pour accorder au gouvernement égyptien les divers objets de tous ses désirs, *de toutes ses convoitises :* ce rapport trouve bien certaines plaintes mal fondées, mais il a l'air de les accepter; certaines demandes exagérées, mais il en amoindrit l'importance.

Le rapport, en son dernier paragraphe de la page 6, va jusqu'à faire ressortir le droit qu'a un réclamant, qui transige avec le gouvernement égyptien, de soutenir, même *après satisfaction obtenue,* que cette satisfaction est *insuffisante;* c'est là un droit, comme dit le rapport, ou c'est simplement un fait ; en tout cas, il en résulte un inconvénient grave pour le gouvernement égyptien ; mais il ne saurait être l'objet d'un grief de sa part, provenant de l'état judiciaire en Égypte; si c'est un fait, c'est que le gouvernement égyptien n'use pas de son droit; si c'est un droit, c'est que ce gouvernement fait bien mal ses affaires ; si le vice-roi les faisait traiter avec davantage de régularité, s'il faisait comme les gouvernements européens, et même comme les particuliers, c'est-à-dire s'il faisait renoncer à tous ses droits le réclamant satisfait du prix de la transaction, il obvierait aux inconvénients dont il se plaint et dont on doit être, sans cette précaution, souvent victime sous n'importe quelle législation et quel que puisse être l'état judiciaire. Qu'un avocat, nous ne pouvons nous empêcher de le remarquer, argue d'une telle plainte dans sa plaidoirie, c'est ce qui se comprend peu, si commun que cela puisse être, mais cela se comprend encore bien moins de la part d'une Commission *sérieuse d'enquête.*

Nous concevrions jusqu'à un certain point, sans doute, et dans de certaines limites, certaines condescendances, si, la dignité et les intérêts européens essentiellement sauvegardés, il n'y avait d'autres moyens que la réforme proposée pour remédier aux griefs du vice-roi ; mais, sans même avoir discuté au préalable l'examen de ces moyens, en accepter en principe, pour ainsi dire la négation, voilà ce que nous ne comprenons pas.

Nous concevons qu'un grand esprit de conciliation doive présider à toutes discussions susceptibles d'arriver à la découverte des combinaisons, des moyens de donner satisfaction, autant que possible, au vice-roi, mais nous pensons qu'il faut rechercher ces moyens dans une action *collective des puissances européennes, sans immixtion* des intéressés à abaisser notre justice, nos forces, nos autorités, notre commune influence.

Ces combinaisons à rechercher, ces moyens à prendre, comme en famille, dans un sentiment d'équité qui n'expose ni notre dignité ni nos intérêts, ces combinaisons, disons-nous, et ces moyens sont d'autant plus désirables que, s'il est vrai que les Turcs et que la justice turque n'ont pas changé depuis les capitulations, il n'est pas moins vrai que l'importance et la population de nos colonies en Orient se sont singulièrement accrues, et que cependant les capitulations, qui constituaient le seul moyen de droit de mettre le pied sur le sol ottoman, n'ont pas, depuis, été augmentées, commentées, combinées les unes avec les autres dans un esprit de commun accord et d'intérêt commun entre les puissances de l'Europe; c'est probablement ce travail, et ce travail seulement, qui est à faire aujourd'hui : laissons au vice-roi l'honneur quand même de l'initiative, mais ne lui laissons pas trancher les questions dans lesquelles il serait *juge et partie.*

Ainsi que l'a si bien dit le rapport de la Commission internationale du Caire, « à une situation dans laquelle « l'exercice des droits de chacun est entravé par des diffi-« cultés nombreuses, il faut éviter de substituer un état « de choses où ces droits pourraient être méconnus et « livrés à l'arbitraire sous le couvert de la justice... »

Nous avons dit, dans une réponse au numéro du journal *l'Égypte,* des 20 et 21 mars 1870, et à la pétition, du 17 décembre 1869, de M. Lesseps, publiée dans le même numéro ci-dessus énoncé, que les capitulations, qui n'aliènent en aucune façon les droits de la justice territoriale, en ce qui concerne les indigènes entre eux, ont pour objet de régler les rapports entre Musulmans et Européens; et, à l'appui, nous avons cité les textes mêmes des capitulations européennes. Nous avons dit que ces textes si précis n'avaient pas besoin de commentaires, et que toutes nos capitulations françaises, et l'article 32 du traité de Paris 1856, garantissent aux Français le traitement de la nation la plus favorisée. Nous avons exposé le système de juridiction actuelle et nous avons dit, comme le rapport de la Commission, que l'Égypte était soumise, mais seulement dans ses relations avec les étrangers, à dix-sept tribunaux étrangers différents, et que cela était de droit *résultant des capitulations*. La discussion des propositions du vice-roi ayant été malheureusement admise, nous continuerons, sans répéter ce que nous avons dit en la réponse susénoncée, l'exposé de nos impressions, de nos craintes, de nos observations sur les griefs du khédive, puisqu'ils sont les motifs, au moins apparents, de la réforme judiciaire proposée.

II.

Les griefs, leurs causes et les remèdes à y apporter.

Voici d'abord, en résumé, l'analyse de ces griefs :

1° La première conséquence, résultant de la diversité des juridictions, est que les parties contractantes ne peuvent savoir à l'avance devant quelle juridiction elles pourront avoir à plaider ;

2° L'intérêt des contractants est de chercher, chacun dans la prévision d'un procès, à se mettre en possession de l'objet litigieux, ou à retenir les sommes qu'il peut avoir à verser, afin d'être sûr qu'étant *défendeur* il sera jugé à son consulat et d'après sa propre législation ;

3° Lorsque le demandeur a devant lui plusieurs adversaires de nationalités différentes, il doit faire autant de procès qu'il y a de défendeurs en cause, et il peut en résulter autant de jugements contradictoires;

4° Difficultés de même nature dans les affaires où il y a lieu à recours en garantie;

5° Dans la plupart des cas, le tribunal ne peut connaître des demandes reconventionnelles, si ce n'est quelquefois par voie de compensation;

6° L'appel des sentences consulaires est jugé à l'étranger, dans le pays du défendeur en appel, et il résulte, en fait, comme une espèce de déni de justice, des difficultés et des frais pour suivre sur l'appel;

7° L'exécution des sentences par les consuls rencontre des difficultés quelquefois insurmontables quand, par exemple, un étranger condamné à quitter un local, ou à livrer un objet litigieux, remet le local ou l'objet en la possession d'un étranger d'une autre nationalité que lui;

8° Dans ce cas, celui qui a gagné son procès doit le recommencer devant un tribunal différent, autant de fois qu'il peut y avoir en cause de parties de nationalités différentes;

9° Ces deux derniers inconvénients, qui pèsent peut-être plus sur les étrangers que sur les indigènes, en éloignant les premiers, portent un préjudice à l'Égypte, en la privant d'entrepreneurs sérieux européens, pour les grands travaux publics;

10° La multiplicité des juridictions rend impossible de faire observer les lois sur les brevets d'invention, sur la propriété industrielle, sur les marques de fabrique ;

11° L'exercice du droit de propriété immobilière est entravé et par suite la propriété est dépréciée ;

12° Le fonctionnement d'une loi hypothécaire est impossible, si elle n'est appliquée par un tribunal unique ; sans lois hypothécaires, point de crédit foncier ;

13° L'agriculture ne peut emprunter, tant au dehors qu'au dedans, faute de pouvoir donner un gage hypothécaire assuré ;

14° Les tribunaux locaux sont-ils seuls compétents en matière immobilière ?

15° Les étrangers refusent de saisir les tribunaux locaux, parce qu'ils ne leur accordent pas de confiance, et produisent leurs réclamations par la voie diplomatique ;

16° Les réclamations sont présentées par le consul, qui affirme le droit de son administré au gouvernement qui conteste ce droit ;

17° Empêchement de confier les grands travaux publics à des étrangers, parce qu'ils n'introduiraient leurs réclamations que par la voie diplomatique ;

Sur le premier grief, une loi européenne imposée par toutes les puissances à leurs sujets des colonies d'Égypte,

ne pourrait-elle exiger, à peine de nullité, dans une con-
vention quelconque, que de même qu'on doit y faire élection
de domicile, on devra y faire aussi élection d'un tribunal
devant juger tous différends pouvant naître de ladite con-
vention.

Ayant satisfait à ce premier grief, le deuxième grief serait
éliminé.

Sur le troisième grief, une loi européenne analogue ne
pourrait-elle pas prescrire que, dans le cas de plusieurs
défendeurs en cause, les défendeurs seront préalablement
assignés chez le doyen des consuls, soit pour désigner,
d'accord entre eux, le tribunal consulaire qui devra juger
le différend, soit pour tirer au sort quel tribunal consulaire devra le juger en premier ressort; et de la sorte,
les quatrième et cinquième griefs se trouveraient éli-
minés.

Sur le sixième grief, une loi également internationale ne
pourrait-elle pas prescrire, qu'à moins d'un choix de commun accord entre les parties, le lieu où sera jugé le différend en appel sera déterminé par le tirage au sort ci-dessus,
c'est-à-dire que la cour d'appel qui devra en connaître
sera celle du consulat désigné soit amiablement, soit par le
sort pour connaître du procès en première instance; si
mieux n'aimaient, les puissances européennes, désigner
une cour unique en Europe pour connaître en appel de
toutes les sentences des tribunaux consulaires d'Égypte,
ou mieux encore, si lesdites puissances ne pouvaient se
mettre d'accord pour constituer à Alexandrie une cour
d'appel unique composée de tous les consuls généraux et

des consuls-juges des puissances qui ont de ces fonction-
naires en Égypte.

Sur le septième grief, il est de jurisprudence en Égypte,
que toute cession d'un local ou d'un objet quelconque en
litige après l'introduction d'une instance relative à ce local
ou à cet objet, est nulle de plein droit, et tous les tribunaux
consulaires appliquent chaque jour cette jurisprudence;
que pour plus de sûreté on la fasse consacrer par une loi
internationale. Les actes non enregistrés n'ayant aucune
date certaine sont et seront toujours rejetés dans de semblables instances, ce qui prouve le non fondé du septième
grief, et élimine les huitième et neuvième griefs.

Sur le dixième grief, les inventions égyptiennes n'exis-
tant pas, il ne s'agit de protéger que les brevets d'inventions
des Européens; or, toutes les puissances de l'Europe ont
des traités internationaux pour la garantie réciproque de
la propriété des inventions et des marques de fabrique, d'où
il suit qu'il n'y aurait qu'à étendre le respect de ces traités
aux colonies européennes d'Égypte, ce qui ferait tomber
ce prétendu grief qui n'a jamais existé que pour grossir
l'énumération des plaintes vice-royales.

Quant à ce qui est relatif à la propriété industrielle, il
faudrait que le gouvernement égyptien s'expliquât sur les
lois faites et sur celles à faire dont parle le rapport au
quatrième paragraphe de la page cinquième; car si ce qu'il
demande pouvait, par suite d'arrière-pensées, par hasard
ou par accident, *amener à imposer,* et à imposer *ad li-
bitum,* la propriété industrielle des Européens, aujour-
d'hui *affranchie par les capitulations,* de tout impôt on

dehors du droit de douane fixé par traité, il ne faudrait pas faire une aussi large concession sans le savoir, et sans avoir pesé les conséquences, pour les Européens, de charges nouvelles et du fait de les livrer à l'arbitraire du gouvernement vice-royal, *qui n'aura jamais assez d'argent.*

Sur le onzième grief: « l'exercice du droit de propriété immobilière est entravé par la multiplicité des juridictions »; ce grief ne nous paraît nullement fondé. Qu'est-ce, en effet, que l'exercice du droit de propriété immobilière, sinon ces faits d'acheter, de vendre et de posséder la propriété immobilière? En quoi ces faits de vente, d'achat et de possession pourraient-ils être entravés par la multiplicité des juridictions, *si multiplicité de juridictions il n'y a pas?* Et, en effet, devant le tribunal du *mehkemeh* et devant nul autre, à peine de nullité de la vente ou de l'achat, l'indigène vend à l'indigène, et l'indigène vend à l'Européen en faisant souscrire à ce dernier *le sened,* ou obligation de se soumettre aux lois égyptiennes, c'est-à-dire aux lois ottomanes, pour tout ce qui est relatif à la propriété acquise; et ce n'est là que la condition déjà imposée par le *hatti-houmayoum* à la faculté de posséder des Européens. L'Européen revend bien la propriété à un autre Européen, et même à un indigène, et même par devant l'autorité consulaire remplissant *uniquement les fonctions de notaire;* mais comme cette propriété est grevée d'un assujettissement complet et absolu, ainsi qu'on l'a vu, aux lois égyptiennes, ladite propriété n'en peut être affranchie dans cette transmission, et dans toutes autres transmissions possibles. Ainsi la propriété et tout ce qui lui est relatif ne sont régis que par les mêmes lois qui sont les lois égyptiennes ou turques ; cela est bien évident, puisque cela résulte, d'après le *hatti-houmayoum*, de ce fait même qu'on est acheteur, et du *sened* qui est un engagement surabondant et personnel de l'acheteur. Le notariat, dont nous avons parlé, n'est qu'une facilité de plus pour réaliser les ventes et les achats par la multiplicité même des consulats où ils peuvent s'effectuer ; plus il y a de notaires dans une localité, plus les transactions peuvent se réaliser promptement ; sous ce rapport, les tribunaux consulaires n'apportent pas d'entraves aux ventes et aux achats. Sous le rapport des jugements que ces tribunaux auraient à rendre en cas de difficulté à cause de l'immeuble acheté ou vendu, qu'importe la multiplicité des tribunaux, s'il n'y a pas diversité dans la loi qu'ils appliquent ; on ne pourrait voir encore dans cette multiplicité de tribunaux que l'avantage de rendre la justice plus prompte ; or, c'est précisément ce qui a lieu ; la promptitude est plus grande, c'est évident ; en outre la loi à appliquer par les divers tribunaux est la même, nous le répétons. Que veut donc dire, sur ce point, le rapport à sa page sixième, où il s'exprime ainsi : « Les explications « échangées dans la Commission ont mis en lumière l'in- « certitude qui règne nécessairement dans toutes les ques- « tions qui concernent la propriété foncière et les droits « réels. Ainsi une grande partie des consuls délégués ont « reconnu que les tribunaux locaux sont seuls compétents « en matière immobilière, les autres ont déclaré que dans « la pratique et conformément à la jurisprudence de leurs « cours d'appel, les tribunaux consulaires exercent un « droit de juridiction en ces matières ? »

D'après ce que nous venons d'établir, n'est-il pas

évident que l'incertitude mise en lumière par la Commission est le fait même exclusif des lois confuses du Coran? En outre, nous venons de voir que le *hatti-houmayoum* en droit, et le *sened* en fait autant qu'en droit, constituent l'unification judiciaire que demande le vice-roi, comme s'il ne la possédait pas déjà.

Le onzième grief impute donc à tort à la juridiction consulaire ce qui est du fait unique de la juridiction indigène : elle est tellement mauvaise qu'elle doit être récusée parce qu'elle est l'objet de la réprobation générale, ce que ne dit pas très-clairement le rapport, et si les tribunaux consulaires exercent une juridiction quelconque en matière immobilière, si tel est l'avis de certains consuls, si la jurisprudence de leurs cours d'appel l'établit ainsi, c'est que l'état de cette justice indigène l'aura motivé, l'aura nécessité, l'aura imposé, de même, et par la même raison, qu'elle nécessite si souvent, lors même qu'elle rend une sentence, le recours par la voie diplomatique. Mais le droit nous paraît tel que, quoi qu'il en soit, la juridiction consulaire ne peut appliquer que les lois turques, comme nous l'avons dit, conformément au *hatti-houmayoum* et aux *seneds*, dont nous avons parlé.

Comment donc aller chercher plus loin les motifs de l'imprudence, de l'impossibilité qu'il y aurait à faire aux Turcs des concessions nouvelles, puisqu'ils font un si mauvais usage des droits qu'on leur reconnaît, qu'il faille user pour eux de ces droits, et pour aussi dire en leur nom?... Mais revenons à notre sujet : En matière immobilière, donc, il y aurait en Egypte multiplicité de tribunaux, mais non diversité de juridiction, puisque les tribunaux consulaires, bien que de diverses nationalités, ne peuvent appliquer à leurs propres sujets qu'une même loi, la loi égyptienne ou turque, à laquelle les soumettent le *hatti-houmayoum* et le *sened;* dans cette situation même le grief ne serait pas fondé. Y a-t-il, donc, en France, diversité de juridiction parce qu'il y a un grand nombre de tribunaux chargés d'appliquer la loi française?

Mais la juridiction consulaire en matière immobilière n'est pour nous qu'une hypothèse que nous ont forcé d'admettre les termes du rapport de la Commission internationale du Caire; nous pensons, en effet, que, sauf le recours habituel et d'usage par la voie diplomatique, l'usage étant la meilleure, la plus saine interprétation des capitulations, des traités et des nécessités, nous pensons, disons-nous, que la vérité, en droit, est que le tribunal du *mehkemch*, c'est-à-dire le tribunal local est le seul compétent pour juger des différends en matière immobilière. Comment concevoir, en effet, des consuls étrangers appliquant la loi du Coran, qu'ils ne connaissent pas et qui est encore l'inconnue même, il est vrai, pour les musulmans? Car si nous avons parlé de lois égyptiennes ou ottomanes, c'est uniquement pour nous rendre intelligibles: ces lois sont à faire, et en attendant, rien de plus confus, de plus contradictoire même que la législation musulmane.

C'est précisément de cet état de confusion et des nombreuses nécessités qu'il a créées à l'égard des Européens, qu'a dû naître la jurisprudence de certaines cours d'appel; aussi les consuls sur ce point dissidents ont-ils déclaré, dit le rapport, que les tribunaux consulaires exercent un droit de juridiction en matière immobilière *dans la pratique*, dans la pratique ne voudrait point dire qu'ils exercent cette juridiction bien régulièrement avec droit de l'exercer, sinon par le droit de la nécessité, le droit de la légitime défense, non la raison du plus fort, mais celle du plus sensé, le droit commun contre l'agression et les dénis de justice!...

Cette pratique aurait été, sans doute, nous le répétons, une nécessité par suite de l'indolence, de l'incapacité et de l'improbité des juges, et dans le secret sentiment de cette triste réalité, les Turcs auraient été satisfaits de cette pratique, puisqu'elle se serait perpétuée : s'en détourner serait faire retour aux mêmes inconvénients et aux mêmes nécessités.

Mais cette pratique n'est pas de droit, à ce qu'il nous semble; en outre, elle n'est pas nuisible, elle n'est pas susceptible d'entraver, comme le dit le rapport, l'exercice du droit de propriété immobilière; comme nous l'avons démontré, et contrainement à ce que dit le rapport, on voit qu'elle n'a rien de contraire à l'unification de juridiction, du moment qu'on peut, qu'on doit ne considérer les tribunaux consulaires que comme des tribunaux chargés, en matière immobilière, d'appliquer, à défaut d'application possible de la part des Turcs, d'appliquer, disons-nous, les mêmes lois exclusivement, c'est-à-dire les lois égyptiennes ou turques; enfin, si cette pratique existait réellement, elle aurait, pour le gouvernement égyptien, l'avantage d'éviter un plus grand nombre de recours à la voie diplomatique.

Ce dont se plaint le gouvernement égyptien est donc le fait, on le voit, de la mauvaise justice turque, qui la fail récuser et prolonge, pour elle, une tutelle nécessaire et salutaire à tous les intérêts ; l'exercice du droit de propriété immobilière n'est donc entravé uniquement que par la mauvaise organisation de la justice indigène, car elle seule régit la propriété. Le vice-roi, à cet égard, a tous les droits qu'il réclame, et s'il ne les exerce pas toujours, c'est uniquement parce que l'état de sa justice indigène exige une réforme qu'il n'appartient qu'à lui ou au sultan de réaliser sans immixtion étrangère ou européenne ; le remède au mal est donc dans l'amélioration désirable de la justice indigène complétement au-dessous de sa mission, et cette situation, qu'une saine logique nous a forcé d'exposer dans toute sa triste vérite, n'est qu'une preuve de plus de la nécessité de *fortifier*, s'il est possible, de *réserver et de pratiquer tous nos droits.*

Pour ce qui est relatif au fonctionnement d'une loi hypothécaire dont parle le douzième grief, il est bien évident, puisque c'est la loi musulmane qui seule régit, nous l'avons démontré, la propriété, il est bien évident, disons-nous, que si cette loi hypothécaire existait réellement, son fonctionnement ne serait nullement entravé, parce que plusieurs tribunaux, voire même des tribunaux consulaires, seraient chargés de l'appliquer ; l'application uniforme en serait plus prompte, ce qui ne peut jamais nuire ; tout ce qui manque à la situation, c'est donc uniquement cette loi hypothécaire : elle n'existe pas en Turquie ni en Egypte ; la seule garantie connue est le *gage*, le gage réel et matériel, qu'on ne peut donner en propriété immobilière que par la vente à réméré. Or, comme toute vente, même mobilière, est soumise au droit *ad valorem* de 4 pour cent, n'est pas dans l'intérêt du gouvernement égyptien

d'annuler cette source de revenu; en outre, la création d'une
véritable loi hypothécaire n'est pas permise par la législa-
lation du Coran, et nous ne pensons d'ailleurs pas que ce
soit au vassal à créer des lois à l'empire; donc si le
douzième grief existait, il proviendrait de l'absence d'une
loi unique, absence du fait du gouvernement égyptien ou
turc; d'où il suit que ce grief n'a aucun fondement à la charge
de la juridiction consulaire.

C'est cette même absence de loi hypothécaire, jointe
à la mauvaise volonté, pour ne pas dire plus, des
autorités égyptiennes, qui empêche les prêts à l'agriculture ; on conçoit, en effet, que, si pour avoir une
garantie sérieuse pour un prêt quelconque, il faut passer
par les interminables formalités d'une vente au *mehkemch,* avancer des droits considérables, payer de nom-
breux *bacchis*, et, arrivés à l'échéance, rencontrer des
obstacles, souvent insurmontables, pour la prise de possession de l'immeuble acquis à réméré, on conçoit,
disons-nous, que les capitalistes ne veuillent pas s'engager
dans une telle aventure, d'autant que les finances égyptiennes sont administrées de telle sorte que les capitaux
disponibles sont sûrs de trouver à se placer sur les
papiers d'Etat au taux de 12 à 15 pour cent, taux qui
est inabordable pour l'agriculture. Cependant il paraît
qu'en dehors de la loi, il y a des moyens faciles d'hypothéquer les immeubles en Égypte, puisque le vice-roi a
hypothéqué ses biens personnels en garantie de ses
emprunts; que n'étend-il à tous ses sujets la faculté
employée jusqu'à présent à son usage exclusif, et il aurait
de lui-même anéanti son treizième grief? Mais il sait
bien que cette façon d'hypothéquer serait regardée comme

peu sérieuse, parce qu'elle est en dehors de la loi du Coran, et c'est bien pour cela que, pour doner confiance à l'Europe, il fait sonner bien haut l'enregistrement et le dépôt de son acte d'hypothèque aux consulats généraux de France et d'Angleterre, comme si ces formalités, par le fait qu'elles ont été remplies devant des autorités indépendantes, pouvaient donner quelque valeur à des actes nuls de leur nature ; quoi qu'il en soit, faisons remarquer en passant que ce fait est un hommage rendu par le vice-roi lui-même à ces tribunaux consulaires qu'il a tant à cœur de voir disparaître de ses États.

Quant à la question posée sous le n° 14 des griefs du vice-roi, nous y avons implicitement répondu en traitant du onzième grief, et il serait superflu d'y revenir.

Nous arrivons maintenant au quinzième grief. Si les étrangers, de l'aveu du gouvernement égyptien, refusent de se soumettre aux tribunaux locaux, c'est qu'ils sont certains de n'y rencontrer que déni de justice : nul n'agit contre ses intérêts, et s'ils étaient jugés par les tribunaux égyptiens selon les règles de l'équité, ils n'auraient aucun intérêt à refuser leur juridiction; mais il est loin d'en être ainsi, et bien que cette juridiction soit refusée le plus possible, il arrive souvent que des affaires mixtes, dans lesquelles les Européens sont demandeurs et les Égyptiens défendeurs, sont soumises à ces tribunaux. *Eh bien, nous mettons* au défi *le gouvernement égyptien de justifier d'une seule sentence rendue depuis l'institution de ces tribunaux, et surtout dans ces dernières années, qui donne gain de cause à l'Européen contre le Musulman ;* or, nous nous adressons à tous les hommes

de bon sens, est-il admissible que *toujours* et *toujours*
ce soit l'Européen qui ait tort?... Donc les Européens
ont raison de récuser un tribunal qui les condamne *toujours*
et comme de parti pris; et s'il y a de ce fait un grief, il est
à la charge du gouvernement égyptien qui peut le faire
disparaître, d'un moment à l'autre, en instituant des tribunaux composés de juges éclairés, non fanatiques et
honnêtes. Le tribunal mixte de commerce est seul excepté
des tribunaux égyptiens dont il est question ci-dessus, et
cette exception vient du mode de sa composition dont
nous parlerons ci-après.

Le seizième grief résulte implicitement de l'état de
choses créé par la partialité des tribunaux exclusivement
musulmans; c'est à chacun de défendre ses droits, et
l'arbitrage, auquel le vice-roi sait si bien recourir, est le
remède souverain à apporter à des prétentions contraires :
seraient-elles parfois exagérées de la part des consuls,
les autorités turques sont assez habiles et ont surtout une
force d'inertie plus que suffisante pour s'en défendre;
dans tous les cas, les réclamations des consuls ne provenant jamais que de l'absence de bons tribunaux locaux,
le khédive n'a encore à s'en prendre qu'à son gouvernement, et seul il peut en faire cesser les causes.

Sur le dix-septième grief: « Empêchement du gouvernement égyptien de confier de grands travaux publics à des
étrangers. » C'est là un de ces empêchements qui n'existent que dans l'imagination du rédacteur des griefs : quels
sont les travaux publics sérieux en Égypte qui n'aient pas
été exécutés par des étrangers? Seraient-ce les eaux, la
place, le pavage d'Alexandrie, les nouvelles routes du

Caire, les pompes à feu et les écluses du canal mahmou-
dieh, le bassin de radoub de Suez, le bassin à flot
d'Alexandrie, les distributions de gaz d'Alexandrie, du
Caire et de Suez; les ponts du chemin de fer d'Alexandrie au Caire, ceux du chemin de fer de la Haute-
Égypte, le pont en construction du Caire, les docks futurs
d'Alexandrie, etc., etc.?... Non! Évidemment non!
puisque tout le monde sait que tous ces travaux, dont le
montant se chiffre par centaines de millions, sont l'ouvrage
des Européens, ou concédés à des Européens, la plupart
même Français, et ce, sans autres contestations que des
réclamations fondées pour retard de payement ou inexé-
cution, par le gouvernement égyptien, des obligations
qu'il avait prises. Si ces Européens entrepreneurs n'avaient
eu que les tribunaux locaux pour obtenir l'exécution de
leurs conventions, loin d'être payés régulièrement, ou à
peu près, bon gré mal gré, ils auraient peut-être eu le
sort de la feue Compagnie agricole de trop égyptienne
mémoire; mais le grief ne peut avoir une telle visée, la
pensée du gouvernement égyptien serait trop indigne de
tout intérêt; il vaut mieux reconnaître qu'on a parlé de
ce grief uniquement pour accroître le nombre des plaintes
vice-royales, et avoir occasion d'offrir à l'Europe un intérêt
dans la cause, puisque nc   avons démontré, en en citant
des preuves irrécusables,   e l'empêchement dont on
argue est contraire aux faits passés et actuels.

III.

Examen des garanties offertes.

Nous ne prétendons pas avoir indiqué tous les remèdes applicables aux divers griefs ou prétendus griefs du khédive ; nous n'avons pas, non plus, la suffisance de penser qu'on ne puisse en trouver de meilleurs, mais nous espérons avoir fait comprendre dans quel ordre d'idées il nous paraît nécessaire de faire appel à la discussion pour enrayer la marche de concessions qui conduisent fatalement à la guerre.

Entrant dans quelques détails du § 2, qui est l'exposé et l'appréciation des réformes proposées, nous remarquons à la page 9 ce qui est dit au sujet de la clause compromissoire que nous avons proposée nous-mêmes ci-dessus pour le choix à préciser dans les conventions d'un tribunal spécial en cas de contestations. Le rapport dit de cette clause compromissoire, qu'elle suppose un contrat écrit, ce qui est l'exception en matière de commerce ; c'est qu'ici il ne faudrait pas confondre la juridiction civile avec la juridiction commerciale, et la juridiction commerciale des consulats avec la juridiction commerciale du tribunal mixte.

La juridiction commerciale est toujours distincte et séparée de la juridiction civile dans tous les pays ; cette dernière s'exerce par un tribunal composé de juges inamovibles ayant par de longues études acquis une instruction toute spéciale aux causes civiles; et la première, au contraire, par un tribunal composé de juges renouvelables chaque année au moyen de l'élection, lesquels, n'ayant pas besoin d'études préliminaires, longues et difficiles, parce que le code de commerce n'est qu'une série d'usages commerciaux uniformément imposés, sont négociants élus par les négociants.

Non-seulement ce mode a pour objet d'alléger le nombre des affaires du tribunal civil, mais il offre des garanties que le vice-roi, dans sa plus haute sagesse, ne saurait remplacer; et, en effet, ces juges commerçants, juges aujourd'hui, parties plaidantes demain, ont chacun par cela même le plus grand intérêt personnel à ne rendre que des sentences équitables, qui ne puissent leur être opposées dans la légale pratique qu'ils peuvent exercer, de ces usages, de ces lois commerciales, pour leur propre compte. Tel est le tribunal unique qu'il serait si avantageux pour le commerce d'instituer en Égypte en dehors du gouvernement égyptien ; il devrait, pour tout concilier et pour la plus grande simplification, être international, et, à ce titre, non-seulement il devrait se composer de négociants de toutes nationalités européennes, mais l'élément turc et arabe pourrait, peut-être, y être admis en extrême minorité et sous réserve d'en revenir, s'il était jugé utile, à l'application rigoureuse du principe des capitulations, dont la lettre comme l'esprit se refuse à toute ingérence ottomane dans nos affaires.

Un tel tribunal constituerait l'unification des tribunaux

européens de commerce, qui sont aujourd'hui les tribunaux consulaires, et il les remplacerait avantageusement pour tous, de même qu'il remplacerait, mais plus avantageusement encore, le tribunal mixte dont nous allons parler. Ce serait, de la part de l'Europe, mais non pour la même cause, faire, avec davantage de garantie pour tous, quelque chose d'analogue au moins à ce qu'a fait l'Égypte il y a nombre d'années, en instituant pour les causes commerciales le tribunal dit *tribunal mixte :* tribunal, il est vrai, indigène au lieu d'être international, comme celui que nous proposons.

Nous avons dit que quand l'indigène est défendeur, le tribunal compétent est le tribunal local, que la juridiction locale est l'équivalent de l'arbitraire; ce qui est si vrai que le tribunal local a donné naissance au tribunal mixte : le gouvernement égyptien, concédant pour ainsi dire, ou mieux, transformant son droit de compétence, que ses juges n'étaient pas dignes d'exercer, institua ce tribunal composé de deux négociants notables égyptiens choisis par le gouvernement, et de deux notables négociants européens, aussi choisis par le gouvernement sur une liste de douze négociants élus chaque année au scrutin secret par tous les notables commerçants de toutes les colonies européennes réunis chez le doyen des consuls. Ce tribunal mixte, présidé par un fonctionnaire égyptien, est le seul tribunal indigène fonctionnant passablement en Égypte, mais cela tient uniquement, attendu l'impuissance des deux juges européens contre trois indigènes, à l'adoption du code français de commerce et à l'honorabilité de son président actuel.

Ce tribunal mixte n'offre donc pas les garanties désirables, mais ce tribunal, qui vaut toujours mieux que le bon plaisir de la préfecture indigène, est une concession toute gratuite d'un ancien vice-roi, tandis qu'il nous faudrait payer de l'abandon des capitulations l'échange que le vice-roi actuel nous propose. Puis, comparant le tribunal de commerce que nous proposons au tribunal de commerce dans le goût du vice-roi, c'est-à-dire composé tout autrement que partout ailleurs en Europe, que voyons-nous? Le vice-roi qui veut un tribunal civil constitué comme nous le savons, y adjoint deux assesseurs négociants, et le tour est fait!... Voilà le tribunal de commerce avec deux voix de juges commerçants contre cinq de juges civils, étrangers par leur carrière même à bien des lois et des usages du commerce, et à l'honorabilité desquels il faudra tout gratuitement s'en rapporter, au lieu d'y voir joint, en outre, la garantie de leur intérêt tout personnel, garantie que nous offre la constitution d'un tribunal unique tel que nous le proposons pour les affaires commerciales.

Si donc on veut un changement, un progrès, nous ne pouvons le concevoir sans périls que dans l'unification vers laquelle nous inclinons; et si, par des raisons quelconques, elle n'est pas possible, bien mieux vaudrait conserver ce que nous avons plutôt que d'accepter l'échange fatal qu'on nous propose.

Combien, donc, le rôle de la Commission du Caire n'eût-il pas été préférable, si elle se fût bornée à demander au khédive que certain ministre égyptien ne cherche plus à influencer les décisions de la justice par ses ordres illégaux et intempestifs ; que les greffiers arabes du tribunal mixte ne commettent plus de ces fautes de rédaction qui modifient parfois trop le texte des jugements pour qu'elles paraissent involontaires; que les juges arabes ne soient plus, lorsqu'ils siégent, les défenseurs trop apparents et trop zélés des plaideurs musulmans, pour que leur défense ne semble dictée que par la sympathie religieuse ; enfin que les préfets de police d'Alexandrie et du Caire, auxquels incombe l'exécution des sentences du tribunal mixte, ne s'arrogent plus le droit abusif de reviser indirectement ces sentences, ou d'en retarder si longtemps l'exécution; qu'il est difficile d'admettre que ces retards soient toujours le fait pur et simple de la seule volonté préfectorale.

Continuant l'examen du rapport de la Commission internationale du Caire, nous ne pouvons nous empêcher de remarquer que la justice entre indigènes et Européens, et entre Européens de nationalités différentes, paraît seule préoccuper le gouvernement égyptien à l'exclusion de ses propres sujets entre eux... Quelle ingratitude, de notre part, de n'être pas touchés d'une telle préférence !... Soit, nous sommes des ingrats; c'est pourquoi nous demanderons d'abord quel intérêt sérieux, à part toute question d'amour-propre et d'arrière-pensée, peut avoir le gouvernement égyptien dans les litiges entre Européens de nationalités différentes, et comment, sans faire injure à l'institution consulaire, ferait-on preuve d'une confiance plus grande dans l'indépendance et dans l'intégrité des juges à la solde du vice-roi, plutôt que dans l'indépendance et dans l'intégrité des tribunaux consulaires qui nous offrent des garanties sérieuses?

Le vice-roi, qui paraît, en effet, dénué de tout intérêt dans ces litiges, et qui est habitué à payer largement, nous accorderait, pour prix de la concession qu'il demande à ce sujet, l'abandon de la compétence des tribunaux territoriaux, c'est-à-dire du *mehkemch*, dans toutes les questions immobilières, compétence contestée par certains consuls; mais il est à remarquer que le vice-roi n'a pas le droit d'abandonner cette compétence, que ce droit appartient exclusivement à la Porte, et qu'il se rattache à des idées religieuses qui tendent à le perpétuer; qu'il conviendrait ainsi mieux que la compétence du tribunal unique fût limitée aux causes purement civiles de nature mobilière, plutôt que d'abandonner les litiges entre Européens de nationalités différentes à la merci d'un tribunal unique, sans code, sans jurisprudence, et qu'on ne connaît pas.

Nous avons dit que le khédive n'avait pas le droit de faire l'abandon qu'il promet de la compétence des tribunaux territoriaux en matière immobilière; nous observerons qu'il lui est difficile de soumettre les questions immobilières aux nouveaux tribunaux européo-égyptiens de sa composition; et, en effet, le vice-roi réserve expressément les questions relatives aux *wakfs* ou legs pieux à la compétence exclusive du *mehkemch;* or, il faut savoir que l'Égypte entière est *wakf,* soit par suite de constitutions récentes et particulières, soit par suite d'un acte du sultan Murad, qui constitue en *wakf* toutes les terres de l'Égypte au profit des villes saintes de la Mecque et de Médine; le vice-roi fait là une promesse illusoire, puisqu'il a excepté de la compétence promise les affaires relatives aux terres grevées de legs pieux, et que ces terres sont la totalité de son pays.

Les tribunaux nouveaux feraient eux-mêmes exécuter

leurs sentences, dit le rapport. Alors vous mettrez sans doute à leur disposition une force publique? Sera-t-elle européenne ou mixte ? Quelle soit mixte ou tout indigène, exécutera-t-elle toujours les jugements, et ne tournera-t-elle jamais contre eux? Comment le gouvernement la constituera-t-il? Sera-t-elle au tribunal en toute propriété? Mais dans ce cas les gouvernements ont-ils bien pesé tous les inconvénients qui peuvent en résulter ?

Les consuls anglais et français qui, en vertu des capitulations, demandaient à être avisés du jour et de l'heure de l'exécution des sentences des nouveaux tribunaux et d'en référer à leurs gouvernements, auront-ils des ordres et des instructions à donner à cette troupe souvent brutale, ou seront-ils spectateurs *passifs,* sauf à rendre compte à leurs gouvernements?

Relativement à la garantie très-importante, consistant à ce que le gouvernement égyptien ne puisse choisir des juges à l'étranger que sur une liste fournie par les gouvernements étrangers, le gouvernement égyptien, dont cette disposition blessait la dignité, a produit la rédaction suivante (page 17 du rapport, § 1er) : « Le gouvernement, dans « son intérêt, et pour être assuré de faire un bon choix, « s'adressera officieusement aux ministres de la justice à « l'étranger, et ne nommera que les personnes qui justifieront avoir obtenu l'acquiescement et l'autorisation de « leur gouvernement. » Et alors nous demanderons, nous qui sommes des ingrats et des incrédules, comment et à qui le gouvernement égyptien justifiera de la réponse officieuse des ministres de la justice à l'étranger, faisant connaître l'acquiescement et l'autorisation de leurs gouvernements? Car si cet acquiescement, cette autorisation ne se justifiaient pas, personne n'y croirait, et cette garantie pourrait, dès le début même, nous échapper; alors les motifs de la Commission n'existeraient plus, et le mode adopté pour la nomination des juges ne garantirait ni leur savoir ni leur intégrité.

L'inamovibilité des juges ne peut suffire non plus; ils ne devraient être sujets à aucun avancement en Égypte, car il serait à craindre que cet avancement fût le prix d'une secrète dépendance. Ils devraient être assujettis à pouvoir être rappelés par leurs gouvernements. Leur position en Égypte ne devrait pas être dégagée d'un esprit de retour dans leurs pays d'origine, parce que la perspective des récompenses ou des reproches dont ils pourraient y être l'objet serait une garantie de plus de leur conduite et de leur indépendance.

Si les officiers ministériels, huissiers, greffiers, etc., sont nommés par le gouvernement et révocables par le tribunal, ce qui est nécessaire, le tribunal pourrait bien avoir à en révoquer un chaque semaine, pour ne pas dire à chaque audience; et alors, quelle suite possible dans les affaires, quelle garantie de l'expérience indispensable pour ces utiles auxiliaires d'une bonne justice?

Plutôt que d'avoir un ministère public amovible, c'est-à-dire à la discrétion du vice-roi, bien mieux vaudrait y suppléer par un des juges nommé successivement, à change tour, par le tribunal ou tiré au sort; mais alors il faudrait, à cet effet, composer le tribunal d'un juge de plus, léger inconvénient devant les ressources du vice-roi, mais

grand avantage pour les justiciables, qui auraient au moins
davantage de chance de posséder un ministère public
n'obéissant qu'aux inspirations désintéressées de sa conscience.

IV.

Résumé.

Au point où nous en sommes de l'exposé de nos impressions sur le rapport de la Commission internationale du
Caire, il peut être utile, à l'intelligence de la suite de notre
travail, de résumer ici, le plus succinctement possible, les
points sur lesquels nous nous sommes déjà expliqués :

Nous avons regretté que la discussion ait été admise sur
les propositions du vice-roi.

La forme collective du rapport de la Commission du
Caire nous a paru effacer l'avis des consuls dissidents et
détourner ce rapport de son but d'enquête.

Certains griefs du vice-roi nous ont paru, tout d'abord,
fondés, sauf à en rechercher les causes et à ne pas y appliquer le pire remède pour nous, car il ne faut pas affranchir
de toute gêne le gouvernement égyptien pour qu'il nous
mette les chaînes aux pieds et aux mains.

Nous nous sommes donc étonnés des efforts de la Commission pour satisfaire le vice-roi en dehors des limites

que la prudence et nos intérêts nous paraissent avoir tracées.

Nous nous sommes étonnés qu'on n'ait pas même re-cherché ces limites si nécessaires à apprécier préalable-ment.

Nous concevons, cependant, qu'on recherche avec ardeur les moyens de conciliation, mais en dehors de toute im-mixtion de l'Orient dans nos combinaisons et dans les mesures à prendre :

Selon nous, l'unique, le grand moyen est un grand tra-vail sur les capitulations pour, tout à la fois, les fortifier et les rendre d'un usage plus pratique, au lieu de donner à tête baissée dans les guet-apens de nos rusés Orientaux et d'aggraver le mal dont nous souffrons.

Dans une réponse au journal *l'Égypte* et à la pétition de M. de Lesseps, nous avons cité des textes mêmes des capitulations, textes précisant d'eux-mêmes que ces traités ont pour objet de fixer les rapports entre indigènes et Européens.

Nous avons dit ce qu'était le système de juridiction actuelle et comment il était de droit incontestable et in-contesté.

Sans, donc, nous répéter sur les divers points de cette réponse, nous avons exposé les dix-sept griefs du vice-roi ; nous y avons cherché remède en dehors de toute ingérence turque, en exprimant le vœu qu'il soit fait appel à la discussion pour la recherche des meilleurs moyens dans cette limite.

Nous croyons avoir montré que ces moyens doivent exister et que ce ne serait qu'incurie de notre part, si nous n'en usions pas au lieu de nous laisser choir entre les mains des Turcs.

Nous croyons avoir montré aussi qu'il y a de ces griefs, et la plupart, qui ne sont pas fondés, ou du moins du résultat desquels le vice-roi n'a à s'en prendre qu'à lui-même, à sa mauvaise justice entre indigènes, c'est-à-dire à sa mauvaise justice territoriale, à son obstination à vouloir la maintenir pour les indigènes exclusivement, ce qui a le double inconvénient de tendre à fonder deux justices et d'écarter du sol égyptien les éléments d'une bonne justice qui y prendrait racine avec le temps.

Nous avons fait remarquer ce qu'il y aurait, pour le moins, d'étrange à supprimer le tribunal de commerce, qui est composé de négociants comme en France, pour l'unifier dans le tribunal civil et unique, à l'indépendance duquel nous ne devons, nous ne pouvons pas croire; nous avons signalé l'inefficacité de l'adjonction de deux assesseurs commerçants aux cinq juges non commerçants, et les abus contre lesquels nous ne voyons pas de garanties possibles.

Nous avons demandé quel intérêt, sinon un intérêt d'empiétement et d'influence, pouvait avoir le vice-roi dans les litiges entre Européens de nationalités différentes. Puis nous avons fait remarquer que pour satisfaire cet intérêt, il proposait une concession qu'il n'a pas le droit de faire, c'est-à-dire l'abandon de la compétence du tribunal du Mehkemeh dans les questions immobilières; nous avons dit, en outre, qu'aurait-il le droit de faire cette concession, sa promesse était illusoire par suite de l'insuffisance de ses pouvoirs, de sa réserve sur les biens *wakfs*, et de la constitution en *wakf* de tout le sol égyptien.

Nous avons demandé s'il serait attribué une milice en toute propriété au tribunal nouveau pour faire exécuter ses sentences contre le vice-roi lui-même, et si des inconvénients n'en pourraient advenir très graves pour nous et pour le gouvernement égyptien.

Puis, dans l'exécution des sentences à l'égard des Européens, si les consuls devraient être simples spectateurs de leur exécution *souvent brutale et toujours grossière.*

Nous avons demandé comment et à qui le gouvernement égyptien justifiera de la réponse officieuse des ministres de la justice à l'étranger pour arriver à la nomination des juges avec la garantie qu'il nous promet.

Nous avons dit que l'inamovibilité des juges ne suffisait pas, que le tribunal pourrait se trouver dans une nécessité continuelle de révoquer les officiers ministériels nommés par le vice-roi.

Nous avons signalé le refus d'inamovibilité du ministère public, comme ayant des inconvénients graves.

Il nous reste à demander pourquoi tant de préccupations après tant d'expériences malheureuses ?

V.

Réformes désirables.

Ce que le vice-roi demande aujourd'hui n'a-t-il pas été demandé par le sultan? Ne lui a-t-on pas déjà fait des concessions sur ses promesses acceptées trop crédulement? Quel compte en a t-il tenu? N'a t-on pas la perspective que toutes ces promesses turques et égyptiennes ne pourront aboutir à aucun résultat?... Et, en effet, la grande affaire qui se traite sous nos yeux a été en toutes ses parties prise au rebours de la manière dont se traitent les affaires. Ainsi on demande la réforme judiciaire, autrement dit l'abolition des capitulations, sans avoir bien arrêté les bases de cette réforme, renvoyant au contraire *à plus tard,* au Code de procédure, etc., certains points importants qui devraient être fixés préalablement; on veut une jurisprudence unique avant qu'il y ait une juridiction, et on demande une juridiction avant qu'il y ait un code.

Le mode naturel et logique de procéder à la réforme que désire le vice-roi, n'eût-il pas été d'abord de constituer les codes, les codes à l'usage exclusif des indigènes et de soumettre ces codes aux puissances pour s'assurer si elles ne verraient, dans leur teneur, *tous droits réservés quant à présent,* point d'inconvénient à ce qu'un jour leurs administrés puissent y être assujettis; puis de voir fonctionner les nouveaux tribunaux civils et de commerce en application desdits codes, entre indigènes seulement, car c'est seulement alors que, ces tribunaux fonctionnant convenablement, *exclusivement entre indigènes*, il y aurait motif d'examiner si les Européens pourraient en être justiciables sans inconvénients : Quoi qu'il en soit, les indi-gènes y auraient gagné une justice meilleure.

En attendant, on ne voit pas pourquoi l'unification de juridiction serait turque au moyen du tribunal que le vice-roi propose d'instituer, plutôt qu'européo-consulaire, sans immixtion de l'élément turc, ce qui serait, ce nous semble, bien plus naturel et bien plus digne pour les puissances européennes, devant leurs droits acquis, incontestables et incontestés.

Pour ne pas faire nos affaires entre nous, Européens, faudra-t-il les laisser faire aux Turcs, qui ne demandent que cela pour satisfaire leurs rêves d'orgueil et d'oppression, ou nous forceront-ils, eux qui travaillent si peu, à travailler enfin sérieusement et à nous entendre sur des affaires abandonnées depuis longtemps, ayant pour objet de donner plus de force aux capitulations en en rendant l'usage plus pratique? C'est bien là le vœu que nous formons, puisqu'on désire, dans un sentiment tout naturel d'équité, satisfaire le vice-roi autant que possible.

Pour cela il ne faudrait rien moins qu'un code interna-tional applicable à nos colonies d'Égypte dans toutes les circonstances où, conformément aux capitulations, la com-pétence appartient au tribunal européen. Et si on est si pressé, les puissances européennes ne pourraient-elles pas, en attendant, adopter le code étranger qui leur paraîtrait le plus méthodique, le plus précis et dont la plus constante jurisprudence se justifierait le plus facilement, pour le faire appliquer aux diverses nationalités en Égypte, sauf, à faire de suite à ce code, s'il y avait lieu, les principales modifications importantes en raison des lieux et de la différence de mœurs et d'habitudes chez les différents peuples de l'Europe ? Une entente entre gouvernements tous chrétiens ne serait-elle pas plus facile et plus rationnelle qu'un espèce de honteux compromis entre chrétiens et musulmans ?

L'application d'un code européen serait un aide précieux durant l'établissement d'un code international pour les étrangers en Égypte, et le vice-roi pourrait s'en aider pour un code égyptien civil applicable, dans ses vues, un jour aussi bien aux étrangers en Égypte qu'aux indigènes ses sujets.

Un code une fois admis, il ne s'agirait plus que d'instituer un tribunal unique européen, sans immixtion orientale. Sur ce point ce serait aux puissances à s'entendre. Certes elles auraient chacune le droit et la possibilité de fournir un juge intègre et éclairé, si mieux elles n'aimaient constituer ce tribunal au moyen de leurs consuls et consuls généraux, ou consuls-juges, qu'elles entretiennent en Égypte.

Telle est, selon nous, l'unification judiciaire désirable, et si elle n'est pas possible, bien mieux vaudrait conserver l'état actuel, plutôt que de laisser aux Turcs, qui s'administrent si mal, le soin de faire nos affaires et de nous mettre d'accord en nous éliminant d'abord pour nous molester ensuite.

Mais nous aimons bien mieux espérer que cette unification désirable sera possible; et comment ne le serait-elle
pas devant les circonstances actuelles, les intérêts com-
muns et les antécédents? Déjà, en effet, plusieurs puissances de l'Europe n'ont-elles pas délégué leurs sujets à
une juridiction consulaire étrangère? d'autres, et même des
puissances de premier ordre, à défaut de notables dans
leurs colonies, ne vont-elles pas chercher des assesseurs
étrangers, *mais Européens,* pour juger leurs nationaux?
Ce qui a lieu pour quelques puissances, ne pourrait-il pas
avoir lieu pour toutes, plutôt que de se soumettre toutes, en
Égypte, à une juridiction inconnue, incertaine, et qui serait
turque *quand même* et si bien qu'on fasse? Les Européens préfèreraient-ils, pour ne pas s'entendre, accepter
les lois nouvelles et le code nouveau institués *pour eux
par leurs oppresseurs?*

Ainsi, remédions aux griefs, un par un, pour en diminuer
le nombre et la gravité, avec le *temps,* les travaux et les
discussions nécessaires; ou en bloc, supprimons tous motifs d'être à ces griefs, en convoquant l'Europe, et lui
demandant exclusivement pour l'Égypte un code international et un tribunal international à l'usage des Européens
de quelque nationalité qu'ils puissent être; mais dans les
deux modes de procéder, qu'il n'y ait ni ingérence aucune
des Ottomans, ni aucune modification des capitulations à
leur égard; ou bien, enfin, conservons l'état actuel jusqu'à
ce qu'une bonne justice ayant pris racine chez les Égyptiens, elle nous mette par ce fait même en demeure d'améliorer l'état judiciaire consulaire. Tout autrement, ce n'est
pas de notre part descendre au fond d'un abime pour en
sonder les profondeurs, c'est tout simplement s'y préci-

piter; tout autrement, nous nous occuperions inutilement de l'institution d'un tribunal, etc., si nous ne pouvons accepter le code que le vice-roi se propose de faire faire à notre usage ; tout autrement, enfin, les faits et les paroles du vice-roi ne pourraient laisser voir de la part du gouvernement égyptien qu'une direction toute hypocrite dans un esprit d'anticipation toute oppressive.

A la décharge du vice-roi, il faut avouer qu'il peut entrer dans ses préoccupations de se mettre à l'abri des effets de l'amour désordonné du lucre qui règne, malheureusement trop souvent, dans le commerce ; nous sommes loin de vouloir nous constituer les défenseurs de tels excès, mais, d'une part, ils existent aussi bien chez les Orientaux, que parmi les Européens, et si chez ces derniers on ne peut les réprimer à coups de bâton, il y a une répression légale que les consuls se rendraient coupables de refuser, et même des moyens employés partout, de se préserver de tels excès; d'autre part, et à la décharge aussi des Européens, il faut dire que sur ce point encore le vice-roi veut s'en prendre à tout plutôt qu'à lui-même, et que la plupart du temps son gouvernement et les Turcs en général, sont imprévoyants et les seuls coupables, ce qui fait que, dans ces cas, les consuls, obligés de juger selon nos lois, ne peuvent donner tort à nos commerçants qui ont légalement raison. Alors les Turcs peuvent crier à la partialité, mais sans penser à s'enquérir de ce qu'exigent la légalité, nos lois et la plus simple logique.

Connaissez-vous, par le monde, de ces adolescents qui mènent joyeuse vie, sans jamais douter de leur fortune?... Requérir le prix d'un objet, faire un contrat d'achat ou de commande, y stipuler le prix, demander quittance au besoin, leur semblerait mendier, d'autant que dans les brillants magasins de leur capitale, ils ont l'air de tout envier. Pour orner, par exemple, un hôtel à Paris, un palais en province, une Géorgienne la plus favorisée, il faut un mobilier royal, une parure digne de Vénus; et quant au prix, « Bagatelle! allons donc!... entrer dans de tels détails... moi!... vous n'y pensez pas, mon cher monsieur!... je m'en rapporte entièrement à vous!... que ce soit beau!... très-beau!... tout ce qu'il y a de plus beau!... et quant au payement, vous savez!... vous vous en rapporterez bien à moi!... » Et l'industriel, las de s'informer, toujours en vain, d'une donnée quelconque sur la qualité, le prix, la nature de la fourniture, de ne plus savoir quel sultan la Providence lui envoie là pour faire fortune d'un coup, accepte ce contrat... Et quant à l'époque de payement, *ad voluntatem suam*, pour ne pas perdre un si bon client; d'ailleurs, à quoi bon?... Les possibilités correspondent-elles toujours avec la volonté? Et si le négociant a tant soit peu d'expérience, il demandera en toute conscience le double du prix réel, pour s'indemniser de l'attente, des frais qu'il a la certitude de faire, des déplacements, par toutes sortes de moyens de locomotion, qu'il devra opérer pendant des jours, des semaines, des mois et même des années, pour s'indemniser enfin de la perte des intérêts de son capital, à douze pour cent, s'il vous plaît! Ce qui n'est que le taux légal, non des prêts à la petite semaine, mais des fonds d'état chez les Turcs : « Bagatelle! » dit à son tour le négociant. « Fripon d'Européen! » dit le sultan quelconque, qui n'est pas sans ressemblance avec le gouvernement égyptien; ce qui prouve, notamment, qu'il faudrait que les sultans sachent aussi bien que les particuliers, pour le moins, diriger leurs affaires. Soyons justes, cependant; le gouvernement égyptien sait, sous d'autres rapports, assez bien faire les siennes, devrait-il même, peu lui importe, surexciter l'envie des négociants graciés de ses commissions.

Ainsi tout l'entrain de la Commission internationale du Caire ne saurait nous entrainer, malgré l'appât, très-séduisant pour nous, des concessions de grands travaux publics qui seraient décernées aux Européens, *si la réforme judiciaire était acceptée*, ce que le rapport de la Commission nous fait valoir *deux fois*. Cependant, nous avons montré à la page 21, qu'il n'y a pas besoin de concéder aucun de nos droits pour obtenir de semblables concessions; et à la page 28, quelle foi il faut prêter aux promesses diplomatiques du gouvernement égyptien.

Il y a bien encore une sorte toute spéciale de travaux publics qui préoccuperait le vice-roi. Ces travaux à faire se lient à la fondation d'une grande société de crédit agricole, dont le khédive serait le principal actionnaire. Sans vouloir, quant à présent, entrer dans de plus grands développements sur ce projet, nous nous bornons à exprimer ici que, s'il est vrai, comme le khédive le prétend, que les capitulations soient un obstacle insurmontable à la concession de ces travaux, et à la formation de cette société, il faudrait encore, à cause de cela même, maintenir les capitulations dans toute leur intégrité; et les Égyptiens, de suite, leur gouvernement, plus tard, béniront les Européens d'avoir, par ce fait, empéché la réalisation de ce déplorable projet.

La Commission internationale ne nous a pas davantage

persuadés, parce que la réforme judiciaire, ainsi que nous croyons l'avoir démontré, dangereuse en elle-même, n'a pas de motifs sérieux au fond, parce qu'elle peut être avantageusement remplacée, notamment, par des mesures collectives internationales, sans immixtion des Turcs, enfin, parce que cette Commission internationale elle-même a à peine foi en cette réforme. Impressionnée, en effet, des sentiments d'incertitude et des dangers, la Commission n'en propose l'essai que pour cinq ans, c'est déjà énorme, sans avoir soumis à l'examen et à la discussion, les inconvénients pouvant résulter à l'occasion du rétablissement de l'état judiciaire actuel ; ces inconvénients pourraient bien devenir plus graves qu'on ne pense, d'autant que dans l'esprit turc, qui ne peut saisir ce qu'est le droit, un état de choses pour cinq ans peut être considéré pour un état de choses à toujours.

Cette réserve indique, du moins, que les garanties offertes n'ont pas la certitude des garanties d'aujourd'hui, ce qui ressort clairement de la fin de la vingt et unième page du rapport de la Commission ; nos diplomates n'ont-ils pas, dans l'expérience du passé, les preuves de l'inefficacité des concessions qu'on fait aux Turcs et des promesses qu'on en a reçues ?

Nous concevons que les capitulations les gênent, mais elles n'ont pas été faites pour leur bon plaisir et pour les mettre tant à l'aise ; d'ailleurs, si gêne il doit y avoir, faut-il changer de rôle pour que toute gêne retombe exclusivement sur les Européens, bien innocents, cependant, de l'impossibilité qu'il y a pour les Turcs à convenablement administrer la justice chez eux et entre eux, à tenir leurs promesses et à observer les traités ? Telles sont, pourtant, les causes premières de toute perturbation, et les effets de ces causes ne peuvent ainsi être qu'aggravés par les effets de nos défaillances.

VI.

Quelle pensée a présidé à la demande des réformes.

Nous ne sommes pas venus ici dans le but de décrier le khédive ; nous lui avons toujours témoigné les déférences dues à son rang et nous ne voulons pas changer ; mais nous avons vu tous les vice-rois d'Égypte depuis Mohammed-Aly Ier et nous ne pouvons nous défendre d'une impression de plus en plus pénible sur le caractère turc, en général, et sur l'administration et l'état de l'Égypte en particulier ; aussi, dans les moments des plus graves ressentiments qui se sont produits contre les successeurs de Mohammed-Aly Ier, avons-nous répété toujours, comme sous l'impression d'un pressentiment sinistre : « Après ce règne, un pire !... » Serait-ce malheureusement vrai ?...

Nous ne voulons pas surtout déprécier les peuples orientaux que nous connaissons et que nous aimons, mais nous aimons avant tout la vérité, et nous pensons que la faiblesse, de la part de ceux qui président à nos destinées en Égypte, peut devenir un crime, et, après avoir signalé la grande distinction que nous faisons entre le peuple égyplien et la race conquérante qui en a prolongé la longue servitude, nous continuerons donc à dire notre pensée, notre pensée·tout entière et sans déguisement, puisque nous la croyons conforme à la vérité et nécessaire à la défense des colonies européennes en Égypte.

Le vice-roi, en prenant l'initiative d'une réforme judiciaire dans ses États, est-il mû par ce sentiment généreux de l'amour du bien général qui rend excusable bien des fautes? Le khédive n'est-il pas mû par un sentiment tout égoïste se rapportant à sa personne, à sa fortune, qui comprend celle de l'État, à sa dynastie, en haine et en crainte de ses parents et à sa répulsion pour les Européens?

Ce qui justifie qu'une large pensée sur le bien général n'a pas inspiré cette initiative, est, notamment, le peu de cas qu'il a fait de la justice à l'égard de ses sujets dès l'origine de son règne et le peu de cas qu'il en fait encore officiellement, lorsqu'en présence de tant de sollicitations pressantes, sous l'apparence de vouloir obtenir une justice *égale pour tous, commune à tous*, il propose d'établir dans chaque tribunal de ses États une chambre présidée par un indigène et composée exclusivement d'indigènes, à l'usage exclusif de ses sujets. Certes, nous pouvons être assurés que ces braves gens-là, officiellement chargés d'appliquer le code commun et modèle qu'on nous promet, n'auront en réalité autre chose à faire qu'à appliquer les lois confuses du Coran, avec la servilité et les sentiments intéressés habituels; et quand bien même il leur serait prescrit d'appliquer le code à intervenir, le feraient-ils? et quand bien même ils le feraient, leurs applications, léurs interprétations ne seraient-elles pas souvent bien diffé-

rentes de celles faites par la chambre composée en majorité
d'Européens et ayant à juger les causes entre indigènes
et Européens? Il y aurait donc, dans tous les cas, deux
jurisprudences différentes à l'abri d'un même code et d'un
même tribunal égyptien : un pacha gagnerait son procès
devant la chambre indigène, un pauvre diable perdrait le
sien devant la chambre européo-égyptienne, admettant même
qu'elle juge avec indépendance, intégrité et une juste application du code commun à intervenir.

A l'égard des indigènes entre eux, ce qu'il y aurait de
changé consisterait uniquement dans des mots et des
formes... Cette perspective est surtout frappante pour
toutes les personnes ayant habité quelque temps l'Égypte,
et nul, sans doute, ne pourra reconnaître dans l'initiative
de la réforme judiciaire, charité bien ordonnée commençant
par soi-même, une sollicitude dont l'effet eût été, avant
tout, appliqué à une réforme de la justice entre indigènes.

Si, en effet, dans la sincérité des paroles, on voulait une
justice égale et commune, une justice bienfaisante susceptible de faire prospérer l'Égypte dans la vraie voie du progrès, une justice basée sur un même code, qui, plus que
les Européens, aurait les facultés requises pour siéger
dans cette chambre indigène, interpréter le code commun
et fixer une jurisprudence commune applicable aux affaires
entre indigènes, surtout, et entre Européens et indigènes?
Quelle plus grande garantie de justice impartiale le vice-roi
pourrait-il donner à ses sujets? Mais alors, pourquoi deux
chambres dont une exclusivement composée d'indigènes,
si ce n'est pour maintenir le *statu quo* judiciaire, quant
aux indigènes? Ici, donc, la sollicitude à l'égard du peuple

égyptien ne s'aperçoit pas; d'une part, on sait pourtant que l'état de la justice entre indigènes est déplorable; d'autre part, le vice-roi n'ignore pas que ses sujets asservis n'oseront jamais passer le seuil de la chambre européo-égyptienne; que ce n'est pas l'intérêt des grands personnages de ses États, qui se contenteront d'ailleurs, avec les autres employés du gouvernement, d'avoir toujours raison devant la chambre indigène, et que les uns ou les autres, avec ou sans ordres, sauront bien, serait-ce à coups de bâton, ou même en faisant appel au fanatisme, ce qui est toujours préjudiciable aux Européens, écarter de la chambre européo-égyptienne le commun des martyrs habitué à subir le joug.

A l'appui de cette thèse, faut-il faire ici l'historique de certains faits récents? Faut-il parler de certaines expropriations au Caire et au Fayoum? Faut-il parler du sort des milliers de pétionnaires qui encombrent les administrations publiques et jusqu'aux antichambres des palais vice-royaux? Évidemment non! car cette thèse est trop évidente, et nous ne voudrions entrer dans certains détails que si on s'obstinait à nier cette évidence.

Pourquoi deux chambres si hétérogènes chargées d'appliquer un même code? Pour ménager, nous répond le gouvernement, le sentiment de notre dignité!... Mais où est donc la dignité à faire preuve de manque, pour le moins, de perspicacité? N'y aurait-il pas mérite, au contraire, à reconnaître l'état réel, qui n'est d'ailleurs pas niable, des connaissances et de la civilisation en Égypte, et d'en induire que l'application sérieuse, commune à tous, pour tous, d'un nouveau code égyptien est chose impossible s'il y a deux chambres, l'une composée en partie d'Européens pour les causes entre indigènes et Européens, l'autre exclusivement composée d'indigènes au seul et unique usage des indigènes, et qu'il y aura ainsi, par l'institution même, deux tribunaux distincts, différents, et fatalement deux jurisprudences, sous l'empire d'un même code ou de deux codes différents, et deux justices parfaitement inégales pour cette même Égypte, au nom de laquelle on vient réclamer une justice commune et égale pour tous?

Nous savons que le gouvernement a argué, aussi, de scrupules religieux devant écarter les indigènes de la chambre européo-égyptienne! Ce dire, qui pourrait, chez quelques uns, n'être pas étranger à la pensée de conserver les deux poids et les deux mesures judiciaires que nous avons pressentis pour l'avenir, est une véritable fin de non-recevoir qui clôt toute discussion sur ce point; il ne nous reste qu'à nous incliner devant le scrupule religieux, et nous le faisons pour le moins aussi sincèrement que le gouvernement égyptien lui-même, parce que notre respect pour de tels objets s'applique à toutes les religions et parce que nous pourrions prouver par des citations, quel cas le gouvernement fait de ces scrupules lorsqu'il font obstacle à son bon plaisir. Mais en admettant l'existence de ces scrupules, ils sont une preuve pour nous de plus que la mesure de la réforme judiciaire est prématurée, que l'heure ou cette réforme sera possible est bien loin des générations actuelles, puisque cette réforme ne peut qu'être mal appréciée par les indigènes, qu'elle ne peut s'appliquer indistinctement à tous les justiciables, et qu'une telle application d'un même code, application qui doit être égale et uniforme, et par les mêmes juges, n'est pas possible, et que cependant elle nous paraît une des plus sérieuses, sinon la première, des garanties d'une bonne justice, égale et commune à tous en Égypte. Ainsi des sentiments de dignité et des scrupules religieux viennent se mettre en travers de la grande garantie que l'Europe, avec ses droits actuels, a bien celui de réclamer en toute justice et en toute déférence. Si, en effet, l'Égypte n'est pas encore en état de recevoir un code civil, le code que vous voulez n'est pas possible pour l'Égypte; il est tout spécial contre les Européens et pour, dans l'application, arriver à les opprimer sans gêne et sans frein.

Devant ces réticences bien ou mal fondées, devant la réforme judiciaire telle que l'entend le vice-roi, devant ce tribunal que l'orgueil turc ne veut pas international, mais simplement égyptien, devant les deux chambres de ce tribunal égyptien, l'une exclusivement composée d'Égyptiens pour le *statu quo* judiciaire à l'égard des sujets égyptiens, l'autre européo-égyptienne pour les différends entre indigènes et Européens, ne voit-on pas se révéler et surgir la disposition de renfermer les Européens dans un cercle d'exceptions relatives à l'égard des indigènes, ce qui s'appellera le nouveau code, le tribunal commun à tous, mais qui auront été créés pour les Européens exclusivement et n'auront d'effet que pour eux seuls et à leur dérision? Donc, à l'égard des Egyptiens entre eux, rien de changé, aucun progrès judiciaire possible; à l'égard des Européens, une situation douteuse pour le moins, si les nouvelles mesures manquaient de ces garanties que les administrations et l'arbitraire ne peuvent détourner, une situation en tous cas exceptionnelle, impliquant, par suite, aux Européens une menteuse et injuste infériorité sur les indigènes, ce que ces premiers n'accepteront jamais et ce qu'ils pourraient bien exprimer violemment; une situation exceptionnelle, disons-nous, que l'Européen ne rencontrera dans aucune partie de l'Europe où il sait n'être jugé que par les mêmes juges qui jugent les indigènes parmi lesquels il se trouve et avec l'application des mêmes lois, d'une manière fixe et uniforme.

Ainsi une large pensée du bien général n'a pas inspiré l'idée de la réforme judiciaire; on y verrait, plutôt, l'étroite pensée d'abaisser les Européens et surtout l'autorité consulaire, résultat sur lequel les Turcs comptent, ce qui s'est révélé dans les propos proférés par des agents même (suisses et arabes) de la police indigène arrêtant illégalement des Européens.

Car, il faut bien qu'on le sache, le vice-roi ne doute pas que la réforme judiciaire sera acceptée par les puissances, et, dans sa persuasion, il nous a donné un avant-goût du régime qu'il croit avoir à nous appliquer : ainsi, arrestations de jour et de nuit, en ville, sur les voies et promenades publiques, de citoyens européens inoffensifs, et de citoyens n'ayant que légèrement enfreint des règlements de police de peu d'importance et la plupart inconnus; réclamations par ces Européens aux agents, avec demande d'être conduits à leurs consulats et non à la police indigène et ce, en vertu des capitulations; de la part des agents suisses et arabes, réponse à coups de bâton, à coups de poings ou à coups de crosses de fusils, et vociférations contre les consulats, les capitulations *bientôt disparues,* les Européens, etc; violations de domiciles

européens de la part d'autres agents suisses et indigènes...
ces faits et des faits analogues sont en grand nombre à
Alexandrie et au Caire, et ils n'ont jamais eu un caractère
de brutale violence tel qu'il apparait depuis que le gouvernement compte sur l'acceptation de la réforme judiciaire; ce n'est encore là qu'un essai, et il s'ensuit,
malheureusement, des rixes sanglantes dans lesquelles il
y a des blessés. Les consulats sont obligés d'intervenir
et d'envoyer en prison ces agents mêmes de la force
locale, pour faire respecter leurs nationaux et les capitulations. Il y a peu, un janissaire du consulat de France,
au Caire, a été frappé par des agents suisses et indigènes
de la police locale; le consul gérant le consulat général,
a réclamé le licenciement des Suisses de la police, et en
attendant on s'en sert pour dresser les Arabes à rosser
les Européens et à violer leurs domiciles; pour tous ceux
qui ont habité l'Égypte, ces faits ne présagent rien de
bon : ce qu'on accorde au Turc, il le veut jusqu'à l'excès
inclusivement, ou autrement il ne croit pas le posséder.
N'y a-t-il donc pas lieu de s'inquiéter des tendances du
gouvernement égyptien? Il prend ses ébats, et les subal-
ternes prennent les leurs dans l'assurance que les capitulations vont être abolies.

En attendant l'émancipation définitive des indigènes à
l'égard des Européens, ce qui résulterait de cette abolition,
nous avons encore le temps de faire remarquer que cette
émancipation a toujours été l'objet des efforts du vice-roi
et cela ressort, jusqu'à l'évidence, des moindres actes
de son gouvernement; remarquons cependant que la
mesure, serait-ce même la plus légitime, tendant à
émanciper le néant, nous ne dirons pas sur un pied d'infé-

riorité à l'égard des indigènes, mais seulement sur un pied d'égalité, est l'occasion pour le vieux parti turc, d'agir sur les masses, et que tout tend, en Égypte, à placer les Européens sous le coup d'une infériorité réelle.

La réforme judiciaire qui doit faire naître de si tristes résultats, surtout si le tribunal est pour cause quelconque sous l'influence directe ou indirecte, visible ou invisible du gouvernement égyptien, la réforme judiciaire, demandée dans un sentiment de répulsion pour les Européens et pour les atteindre par le despotisme, a donc un but inavouable : celui d'abolir les capitulations et d'étendre sur les Européens l'effet du despotisme qui réussit si bien chez les Arabes et, que les Turcs ne peuvent pas douter de faire réussir partout; ainsi l'idée de la réforme judiciaire est née d'un but tout égoïste, si bien que les sujets du vice-roi entre eux sont exclus des bienfaits qu'il suppose devoir en résulter.

Mais s'il est bien vrai que l'idée première de cette réforme judiciaire ne soit pas née d'un grand, d'un généreux sentiment, ne faut-il pas, dans une situation si compliquée, appréhender l'imprévu, l'imprévoyable, l'inconnu? Qui prendrait la responsabilité d'affirmer qu'il a pu sonder l'abîme des combinaisons, toujours si illogiques des Turcs? Sont-ils à même de comprendre ce qu'est le droit, la parole donnée, et leur penchant naturel n'est-il pas toujours le despotisme chez eux, et en face de l'Europe l'arbitraire et la corruption sous le manteau des lois? Que ne peut on attendre de cette disposition toute intime, toute instinctive, et dont ils ne peuvent se rendre compte à eux-mêmes?

Qui peut nous assurer qu'au milieu des tourmentes qui menacent l'Europe, un jour ne viendra pas où celui-là même qui a demandé la réforme judiciaire sera le premier à la laisser tomber en désuétude, ou que ces tribunaux mêmes qu'on veut nous imposer ne se rallieraient pas au gouvernement turc, et ne diraient pas comme lui? De quelle manière efficace les consuls pourraient-ils alors soutenir leurs nationaux? Alors, ils protesteraient; il s'agirait, alors, d'enquêtes qui prouveraient difficilement la vérité, au lieu de représailles, plus ou moins promptes, mais certaines, comme dans le cas de violation flagrante des capitulations ; toutes violations, alors, s'effectueraient sous le manteau d'un tribunal sourd et aveugle, en présence d'un code oublié, et, on le répète, quand l'heure sonnerait d'éclairer ce chaos, il faudrait plaider, peut-être humblement, au lieu d'agir.

La réforme judiciaire, en toutes ses parties, est une violation flagrante, autrement dit, une abolition complète des capitulations de toutes les puissances européennes avec l'empire ottoman ; elle est le dissolvant le plus complet de toutes relations amicales de l'Occident avec l'Orient. L'influence européenne, protectrice des Européens, une fois perdue, l'influence turque pesant sur les balances de la justice, il n'y aura rien à espérer que la guerre, ou de la part des Européens l'évacuation, au plus vite, des contrées orientales.

D'un tribunal, que vous voulez instituer au mépris des lois et des garanties européennes, dépendra donc ces résultats; et vous viendrez nous dire, à nous qui croyons cela, que les questions soumises à l'examen de la

Commission du Caire, n'ont pas un caractère politique !...

Vous aurez beau envelopper dans des formes et des résumés séduisants, comme votre rapport de la Commission du Caire, les projets sur lesquels vous appelez l'admiration du monde, vous ne pourrez dénaturer les faits et les dangers au point de nous les dissimuler, à nous, vieux habitants de l'Égypte.

VII.

Sultan et Khédive, le Coran et les Infidèles.

Il est loin, toutefois, de notre pensée de chercher à alarmer outre mesure; nous le savons, la population indigène est calme et toute pacifique; il faut que le fanatisme soit excité par les régions supérieures de la société pour être effectif; autrement, cette population n'a rien de contraire aux Européens, et elle apprécie même le bien et les garanties qui résultent pour elle de leur présence et de leur action; mais il ne faut pas que des paroles, au moins imprudentes, descendent de haut.

Revenons à notre sujet sous un autre point de vue : encore bien que la réforme judiciaire serait dans l'intérêt et dans les vues de la Porte, cela ne suffirait pas à établir que le vice-roi serait le mandataire de son suzerain, qu'il en aurait des pouvoirs tels qu'il ait le droit de s'avancer d'une façon si délibérée dans la voie de la réforme, et que les nations européennes traiteraient valablement avec lui, puis, comment, les nations européennes ne traiteraient pas directement avec l'empereur ottoman? C'est un des gouverneurs de ses provinces qui vient s'occuper officiellement du soin de résoudre des questions de haute diplomatie, intéressant au plus haut degré l'empire! En est-il donc le tuteur, ou s'en fait-il le protecteur, ou bien les puissances de l'Europe ne méritent-elles pas l'honneur d'un plénipotentiaire? Quoi qu'il en soit, les pouvoirs vice-royaux nous paraissent, en effet, limités, jusqu'à l'insuffisance, dans la question de la réforme.

Nous savons bien que la Porte, par son firman du 5 juin 1867, laisse au khédive la faculté de reviser, pour ainsi dire, certaines lois de l'empire, « mais en ce sens « seulement qu'elles doivent être mises en pratique, et « appliquées en Égypte conformément à la justice, à l'é- « quité, et prenant en considération les mœurs et le ca- « ractère des habitants. » Ainsi ce pouvoir de révision, comme tous autres dudit firman, est uniquement relatif à l'administration purement intérieure, par l'application, sans révision possible, des lois organiques et des traités de l'empire dont les capitulations font partie, lois organiques et traités rigoureusement imposés à l'Égypte, et dont la violation doit entraîner la nullité de tous actes et arrangements que le vice-roi n'a dans aucun cas le droit de promulguer.

Mais qu'a donc tant besoin le khédive de droits, de pouvoirs nouveaux? N'a-t-il pas tous ceux nécessaires à son œuvre civilisatrice, en l'entreprenant par son vrai commencement, c'est-à-dire en opérant d'abord une réforme judiciaire à l'usage exclusif des indigènes entre eux?... Ne serait-ce pas une garantie pour les puissances européennes de voir que la justice purement indigène, a pu s'organiser, et qu'elle fonctionne équitablement? Cela même ne porterait-il pas tout naturellement les puissances européennes et les Européens à user de moins en moins de leurs droits au fur et à mesure qu'ils pourraient reconnaître des garanties toujours croissantes?... Ce moyen, tout naturel, devrait être tellement effectif, qu'il est hors de doute que, les améliorations augmentant de plus en plus, il n'y a pas de raison pour qu'à une certaine époque les capitulations ne soient plus qu'une lettre morte, sans même qu'elles soient abolies en droit, parce qu'elles ne constituent des garanties indispensables qu'en présence de l'état actuel, qui n'est que confusion, arbitraire, désordre et contradiction.

Mais, pour des motifs apparents, qui ne sont au fond que des prétextes, prétendre vouloir organiser ce chaos, changer brusquement les mœurs, les habitudes, le caractère de tout un peuple, le faire jouir immédiatement d'une civilisation qu'il n'est pas à même d'apprécier, le faire subitement passer d'un état judiciaire, qui n'est pas digne d'être comparé à la plus mauvaise époque de notre moyen âge, à l'état judiciaire du dix-neuvième siècle chez nous, c'est tellement extraordinaire que cela ne peut qu'éveiller les soupçons.

On peut toujours se tromper : aussi, en appelant la discussion et la lumière, nous ne pouvons entendre ici vouloir imposer notre opinion à personne ; mais que ceux qui ne la partagent pas se donnent la peine de remonter aux antécédents des choses actuelles ; ne remontraient-ils qu'à l'époque du *Hatti-Chérif de Gulhané* (3 novembre 1839), ils y liront, après la plus magnifique *glorification du Coran*, glorification qui est le préambule de cette constitution, que *son principal objet est de faire refleurir le Coran « dont la non-observation est la cause de la décadence de l'empire. »*

Or, que dit donc ce Coran? Nous allons citer ici quelques textes du livre de Mohammed, textes extraits de la traduction française de MM. Kasimirski : (1)

Chapitre 2, verset 187 : « Tuez-les (les infidèles) par-« tout où vous les trouverez, et chassez-les d'où ils vous « auront chassés..... »

Verset 189 : « Combattez-les jusqu'à ce que vous n'ayez « point à craindre la tentation *et que tout culte soit celui* « *du Dieu unique...* »

Chapitre 8, verset 40 : « Combattez-les jusqu'à ce qu'il « n'y ait plus de tentation et qu'il n'y ait plus d'autre culte « que celui du Dieu unique ; s'ils mettent un terme à leurs « impiétés, certes! Dieu voit tout. »

Chapitre 31, verset 22: « Que l'incrédulité de l'in-« crédule ne t'afflige pas ; ils reviendront tous à nous,

---

(1) Paris. Charpentier, libraire-éditeur, 1865.

« nous leur redirons leurs œuvres. Dieu connaît ce que
« les cœurs recèlent. »

Verset 23 : « Nous les ferons jouir pendant quelque
« temps, puis nous les contraindrons à subir un rude
« supplice. »

Chapitre 47, verset 5 : « Lorsque vous rencontrerez
« des infidèles, eh bien ! tuez-les au point d'en faire un
grand carnage, *et serrez fort les entraves des cap-
tifs.* »

Verset 37 : Ne montrez point de lâcheté *et n'appelez
« point les infidèles à la paix* quand vous êtes les plus
« forts et que Dieu est avec vous; il ne vous privera point
« du prix de vos œuvres. »

Et dire que le peuple, appelé à la prière, doit chaque
jour entendre la lecture de telles provocations !...

Recherchez dans les faits si le programme du Hatti-
Chérif, qui contient toute la pensée turque dans ce que
nous en avons signalé, n'a pas été fidèlement suivi ; voyez
dans le Coran, s'il ne prescrit pas à l'égard des infidèles,
c'est-à-dire des Européens, une guerre à mort ou leur
conversion, ce qui autorise pour le moins contre eux les
avanies que les capitulations défendent. Voyez, en conséquence, si elles ne sont pas le contre-poids nécessaire à ces
prescriptions insensées? Voyez sur tous autres points, notamment sur ceux intéressant les chrétiens sujets du sultan,
que le *hatt,* ou constitution, promettait de traiter sur un
pied d'égalité parfaite avec les musulmans, si cette consti-

lution était tenable devant les prescriptions qui précèdent ; si cette constitution de 1839 a été exécutée, si elle n'a pas été, sous des formes toutes hypocrites, constamment éludée, si la position des chrétiens sujets du sultan n'a pas, au contraire, été singulièrement aggravée ?

Voyez si le *hatti-houmayoum*, cette autre constitution turque qui promettait de si belles choses, n'a pas eu pour objet, notamment, de faire revivre le Hatti-Chérif de Gulhané qui a été comme mort-né !

Si le hatti-houmayoum a été beaucoup plus fidèlement observé que le Hatti-Chérif ; si les Turcs, dans leur marche rétrograde, n'en sont pas arrivés à regretter leurs hypocrites concessions à l'équité, au droit, à l'humanité ! Si dans les faits publics, si dans les archives des chancelleries, vous ne voyez pas se poursuivre avec acharnement et une étrange persévérance, la guerre sainte prescrite par le Coran contre les Européens ! Si elle n'est pas les ténèbres en opposition à la lumière des croisades ! Si l'Égypte serait dans l'état voulu de recevoir un code civil et d'en imposer un quelconque aux Européens ! Si les formes de la part des Turcs, si les promesses des Turcs sont autre chose qu'un leurre pour arriver à ce but d'exploiter au profit de l'oppression, les défaillances de notre brillante civilisation ! Si aujourd'hui ils peuvent tenir davantage leurs promesses ! Si le mirage séduisant ne déguise pas l'abîme ! Si une preuve d'énergie, un simple acte de vitalité, en refusant catégoriquement la réforme judiciaire, ne suffirait pas pour faire mettre bas l'effet de tant de fanatisme et d'orgueil, et pour relever ces glorieuses capitulations que nous ont laissé nos rois !

Si les temps sont changés, les choses et les hommes sont restés, en Orient, ce qu'ils étaient jadis. Le chevalier d'Arvieux écrivait à Louis XIV :

« Il est constant, sire, ainsi que j'ai eu l'honneur de le
« représenter dans mon premier mémoire, que les Turcs
« sont les plus fiers et les plus arrogants de tous les
« hommes. Ils croient que tout leur est dû et que les ma-
« nières honnêtes qu'on a pour eux sont bien moins des
« marques de notre politesse naturelle que de notre fai-
« blesse et du besoin que nous avons d'eux. Mais un très-
« long usage m'a convaincu qu'ils ne sont jamais amis
« que de ceux qui les maltraitent, et qu'ils n'accordent
« jamais rien que par la force. Ils sont incapables de
« goûter les meilleures raisons, que quand elles partent
« de la bouche du canon. Il faut même observer que les
« coups suivent de bien près la menace, ou imiter les Alle-
« mands qui frappent avant de menacer. Tout cela bien
« ménagé et bien soutenu fera infiniment plus d'effet sur
« ces sortes de gens, que tous les ménagements et toutes
« les politesses qu'on a pour eux et dont ils ne sont pas
« susceptibles. Le renouvellement des capitulations, comme
« le grand-vizir l'offre, n'étant point du tout convenable à
« la gloire de Votre Majesté ni au bien de ses sujets, il
« semble qu'il conviendrait que Votre Majesté ordonnât à
« M. de Nointel de laisser le grand-vizir se rapprocher de
« lui-même, et faire de bonne grâce ce qu'il a refusé avec
« tant de hauteur jusqu'à présent, car quelque mine qu'il
« fasse, il craint extrêmement une rupture avec la France…

« Le moment est favorable pour exiger des Turcs tout
« ce qui conviendra à votre gloire et à l'avantage de vos

« sujets, et le grand-vizir, qui a de l'esprit et de la poli-
« tique, ne risquera jamais sa vie, sa fortune et celle de
« son maître pour soutenir ce que *l'inhabileté de ses*
« *ministres lui a fait entreprendre.* »

Y a-t-il autre chose à dire aujourd'hui ?... Y a-t-il autre
chose à dire, et quant aux pensées, et quant aux termes
mêmes de cette citation, extraite d'un ouvrage intitulé :
*Etude pratique sur la question d'Orient, réformes et
capitulations,* ouvrage anonyme écrit à Constantinople.

Ainsi, des deux extrémités de l'empire décrépi, se ré-
pandent sur toute la terre des prières et des avertissements
à la mère patrie !

FIN.

Paris, imprimerié Paul Dupont, rue Jean-Jacques-Rousseau, 41. — (2681.6.70).